thomas schlager-weidinger

heiteres flüstern

theopoetische texte über gott und die welt

thomas schlager-weidinger

heiteres flüstern

theopoetische texte über gott und die welt

echter

Der Umwelt zuliebe verzichten wir bei diesem Buch auf Folienverpackung.

Bibliografische Information der Deutschen Nationalbibliothek

Die Deutsche Nationalbibliothek verzeichnet diese Publikation in der Deutschen Nationalbibliografie; detaillierte bibliografische Daten sind im Internet über http://dnb.d-nb.de abrufbar.

1. Auflage 2024

www.echter.de

Gestaltung
Crossmediabureau, Gerolzhofen

Druck und Bindung
CPIbooks, Clausen & Bosse, Leck

ISBN
978-3-429-05999-6

Inhalt

schachtelhalmzeit

glaubwürdigkeiten

ungeflügelt
engelsgleich

demaskiert
krisengeschüttelt

Vorwort

„Auch von der Theologie darf man erwarten, dass sie ohne Umschweife zur Sache kommt und Einsichten über Gott und die Welt präsentiert, für die in Abwandlung einer Notiz von Ludwig Wittgenstein gilt: Alles, was gesagt werden kann, muss kurz und knapp gesagt werden können.“
(Aus dem Vorwort zu „In Gottes Ohr. Von der Kunst poetischer Gottesrede“ von H.-J. Höhn)

Ich teile mit Hans-Joachim Höhn die Meinung, dass zur „Verhinderung von Geschwafel und Geschwätz“ (9) den „theopoetischen Stenogrammen“ ein Vorrang gegenüber den „theologischen Trakten“ (8) eingeräumt werden muss. Und das nicht nur in den fachwissenschaftlichen Disziplinen, sondern auch in Religionspädagogik, Katechese, Liturgie und Pastoral.

Gelungenes religiöses Reden tituliert und qualifiziert Höhn als „Sprachhandlungen“, „durch die Gegenwart wird, wovon sie sprechen, und die vollziehen, was sie sagen. Ein Glaube, eine Theologie, eine Kirche, der solche Sprachhandlungen nicht mehr glücken, so dass man sich nicht mehr ‚einhandelt‘, was dabei besprochen wird, werden selbst zu Barrieren. Sie verstellen, was sie erschließen wollen.“ (36)

Auch die vorliegenden Texte wollen eine „Empfindlichkeit für religiösen Sprachverschleiß“ bewahren und gleichzeitig „religiöse Schweigespiralen“ durchbrechen – im „Modus des Herantastens, der behutsamen, vorsichtigen

Annäherung an die existenziellen Fragen des Menschen und hoffentlich „fernab des Gestus einer frömmelnd-trotzigen Bezeugung religiöser Gewissheiten“ (55).

Der Band versteht sich als Fortsetzung meiner Gedichtbände *„verrückter himmel“ (*2013) und *„lichter horizont“* (2016), die bei echter erschienen sind. Wieder werden zentrale theologische Themen aufgegriffen und theopoetisch verdichtet. Er enthält Texte (Meditationen, Gebete, Gedichte), die im Laufe der letzten acht Jahre entstanden sind. Für diese Ausgabe wurden sie wiederum in eine systematische Ordnung gebracht, die sich an den klassischen Themenfeldern der christlichen Dogmatik orientieren. Das erste Kapitel, *aus heiterem himmel (gottesflüsterungen),* greift Fragen der Gotteslehre auf, die um die Wahrnehmung Gottes – im Sinn der Erkenntnis und Annahme – kreisen. Die Offenbarung Gottes in der Person des Jesus von Nazareth wird in den Texten des zweiten Abschnittes, *aber mehr noch (christusschimmer),* thematisiert. Das Kapitel *schachtelhalmzeit (glaubwürdigkeiten)* widmet sich den existenziellen und höchst aktuellen Inhalten der Frohen Botschaft, die sich u. a. um Sinn, Leid und Tod drehen. Im darauffolgenden Teil, *ungeflügelt (engelsgleich),* finden sich Texte, die von Engeln und Heiligen handeln. Die gesellschaftspolitische Relevanz des Christentums zeigt sich in den Texten des 5. Kapitels, *demaskiert (krisengeschüttelt)*. Gerade die großen Krisen und Herausforderungen der letzten Jahre (Flüchtlingsbewegung, Coronapandemie, Klimawandel, Ukraine-

und Gazakrieg) stellen auch eine echte Bewährungsprobe für den eigenen Glauben, für Religion und Theologie dar. Die Theodizeefrage – also die Rechtfertigung Gottes hinsichtlich des von ihm in der Welt zugelassenen Übels und Bösen, das mit dem Glauben an seine Allmacht, Weisheit und Güte in Einklang zu bringen versucht wird – stellt sich in unserer krisengeschüttelten Zeit mit besonderer Vehemenz.

Ich wünsche Ihnen eine gute Lektüre

Thomas Schlager-Weidinger

aus heiterem himmel

gottesflüsterungen

transzendent

gesegnet
mit der
wunderbaren ahnung
ziehender schwäne
vermögen wir
uns in die lüfte
zu drehen
um für ein paar
atemzüge bloß
hinter
den horizont
zu schauen

gott erahnen

ein kleines stück
vom großen
DU

als ersten schluck
im ausgetrockneten
mund

als ersten bissen
im leeren
magen

als erstes wort
nach langem
schweigen

als erste umarmung
nach schmerzlicher
entzweiung

intuitiv

das traumwandlerisch sichere erspüren
des ersten schnees
bevor er fällt

das selbstverständliche erhaschen
der ersten frühlingsbrise
bevor sie weht

das unvermittelte erfassen
des nahenden gewitters
bevor es niedergeht

die klare ahnung
der gegenwart gottes

tatsächlich
es schneit
es riecht
es blitzt
und gott ist da

da

im leeren zittern
durchzogen wieder
der raum
wie zu der zeit
als der kaffee
noch nicht
aus automaten floss
und mir
der erste schnee
ein lächeln zauberte

DU
bist
da

étretat
(normandie)

aus heiterem himmel
fällt das lachen
der möwen von étretat
auf unser staunen
beim falaise d'aval

und nichts
sehen die kinder
des windes
aber alles
die erben
des himmels
beim anblick
der leere
im felsigen bogen

rouen

bei fast
jedem hundertsten schritt
stolpert man hier
zwangsläufig
über gott

nicht nur
in saint-maclou
saint-ouen oder in der
alten kathedrale
sondern vielmehr
davor

inmitten
der lärmenden punks
mit ihren hunden
und der bettler
die schweigend
vor schönen fassaden
auf kleine wunder
warten

zuafoi?

bei so fü
zuafällig
zuagfoina
zuafoi
foids ma
wiaglich schwa
nua an
rein zufällige
zufoi
z'glaum

zufall?

bei so viel
zufälligen
zugefallenen
zufällen
fällt es schwer
so ganz zufällig
nur an zufälle
zu glauben

manuskript

unleserlich bleibt
gottes handschrift

ein kleines gekritzel
gedrückt an den rand

ein wort aber
sticht deutlich hervor

und verändert alles
wenn es erkannt

sinai (para)doxa

nicht verbrennend
brennend

nicht sprechend
sprechend

nicht zugänglich
zugänglich

nicht eindeutig
eindeutig

ist der gegenwärtige
nicht gegenwärtig

bleibt entzogen
schenkt sich uns doch

doxa ist ein altgriechischer Begriff (δόξα), der vom Verb dokein (δοκεῖν) stammt und „erscheinen, scheinen, denken, akzeptieren" bedeutet und mit „Meinung" und „Glaube" übersetzt werden kann. Der Begriff erhielt eine zusätzliche Bedeutung, als das biblisch-hebräische Wort für „Herrlichkeit" (כבוד, kavod) von der Septuaginta als „doxa" übersetzt wurde; im Lateinischen findet sich hierfür das Wort „gloria".

arglos

die IHN kennen
kennen IHN nicht

die IHN erklären
erklären IHN nicht

die IHN beanspruchen
beanspruchen IHN nicht

die IHN sein lassen
lassen IHN sein

schwund

endlich
schwinden
die worte
nur wenige
haben bestand

etwa
dass gott
nach sonnencreme
riecht
und abhängt
mit mir

h_offen

ein fertiger gott
macht fertig

ein alter gott
macht alt

ein kranker gott
macht krank

und lässt
unerkannt
vorüberziehen
den wandelnden
jungen
der machtvoll mild
gegen die angst
an unserer seite
weilt

erkenntnis

nicht *wer*
und *was*
gott ist
erkennt
der mensch

sondern
wie er ist
erfahren wir
beizeiten

existenz

ich
lebe von
und leide an
seiner stimme
schwebenden
schweigens

so nah

so fern

gott

ER ist
nicht mehr
nötig

mehr
als nötig
ist ER

kapitalistische inspiration

hierzulande verwechseln
konsumenten immer noch
jahwe den prozessbegleiter
mit gott als produktentwickler

sind deshalb
regelmäßig enttäuscht
kündigen verträge
und suchen andere anbieter

vielleicht sollten doch
einige von uns
neue selbständige
start ups gründen

ortsbestimmung

im erhabenen
und schönen
wo das schweigen
wächst

sowie im leid
und in der not
wo lippen
nur noch beben

ist gottes
verborgener
warteraum
an dem die
im dazwischen
taumelnden
schallend
vorübereilen

flüsterung

schweigen lassen
müsste mich
der schmale grat
zwischen
einfach und banal

aber da mir
das unaussprechliche
zu unerhört ist
will ich es
einfach einmal
flüstern

DU
bist
da

empfindung

gott
DICH spüren
gleich dem schwimmen
an diesem spätsommertag
im morgendlichen teich

plötzlich getragen
und für einen augenblick
ganz selbst
verständlich

DU

offene fragen

ich weiß nicht
wie DU es machst
aber ich erfahre
dass DU es machst

mich zu schützen
mich zu stützen
in schwierigen zeiten

sag
wem gewährst DU
sonst noch
solche gunst
und was ist
mit der welt?

lebensrelevant

nicht *ob*
sondern *wie*
den krisen
begegnet wird
zeigt
die wirksamkeit
des glaubens
an jenen
der niemals
herrgott
sondern
immer schon
der hiergott
war

wundersam

vertraut
ist DIR
meine kleine
große welt

kennst auch
schrammen
schrauben
und wie sie
zu drehen

damit es
wieder
weiter
geht

unglaublich

nicht
dass gott
mit uns
überlebt
sondern
untergeht
mit uns
ist das verbriefte
unglaubliche
meines
ewig jungen
glaubens

hoffnung

die hoffnung
hat immer
einen fuß
im himmel
und den anderen
stemmt sie
hier unten
gegen
verschlossene
türen

vor dich

vor DICH
bringe ich
und mit DIR
wälze ich

was mich
umherwirft
mich bewegt

verurteilt nicht
verstanden aber

drängt mich
DEIN mitsein
zu dem schritt

der (er)lösung
mir ermöglicht
und uns allen
trost gewährt

gloria brevis

DU
bist mir
alltag
geworden
ohne
alltäglich
zu sein

vertrauensbasis

ein vertrauen
ins morgen
ist mir heute
noch möglich
weil ER oft sich
im gestern
bewährte

nicht verzweifeln
lässt mich
SEIN dasein
ermutigt
immer wieder
zum trotzigen
trotzdem

theologie

menschen fragen
nicht nur
nach dem
wie und *was*

sondern lange schon
auch nach dem
wozu und *warum*

tauchen dabei ein
in jahrtausendalte
gedanken
und in jene
die an unserer zeit
unnachgiebig nagen

denken
ist dabei
der schwere
schöne weg
um irgendwann
danken
zu können

dem
der größer ist
als der verstand

seriös

wer glaubt
gott sei
ein konstrukt
oder eine illusion
sollte seriöserweise
auch damit rechnen
dass er
wirklich ist

untermieter

religionen
scheitern
schmerzlich

wenn jede
für sich glaubt
das haus gottes
zu sein

doch nur
ein zimmer
bewohnt jede
im haus der menschen
mit großen fenstern
und türen

um den nächsten
gut im blick
zu haben
um frische luft
und licht
ins gemäuer
zu bringen
um einander
heimzusuchen
und gott
im garten
zu treffen

wunderbar wahr

SEINE seidene hand
lässt den
geknickten salbei
blühen

die schwalben
fliegen wieder hoch

und wunderbar wahr
wird die verbriefte
niederlage des trüben

basal

ich gehe nicht zugrunde
weil ich zum grunde gehe

besondere begegnung
im garten

beim stützen
des sommerflieders
treffen wir einander
wieder im garten

DU schaust mir zu
beim besprühen
der knospenden rosen
mit schachtelhalm
und knoblauch

abends
setzt DU dich
zu uns an den tisch
unter der buche
teilst augenblicke
brot und wein

ruach

das aufatmen

in der beklemmung
und im schmerz

im staunen
und in der lust

bist DU

mit mir
ganz da

Das hebräische Wort rûaḥ (רוּחַ) kommt im Tanach 378-mal vor.
An bestimmten Stellen wird das Wort mit *Geist* übersetzt.
Die Grundbedeutung von rûaḥ ist *Wind* und *Atem*.

gottesbegegnung

der gesternmorgen
dämmert mir
auch heute wieder

so wie
die geliebte
die mir
unheimlich zugegen
obwohl doch
ein ozean
uns trennt

klagepsalm

ausgeliefert
von der scheinmacht
abgeurteilt
von der unmacht
will ich
meine ohnmacht
gegen vollmacht
tauschen
und kraftvoll wechseln
vom vergangenen
ins gegenwärtige

meiner stärken
und schwächen
bewusster geworden
versuche ich
scheinbar unerhört
den groll
zu meiden

und ihr
könnt mich mal
dort finden
wo das lachen
wohnt

wiederholte wandlung

(beim morgengebet)

wundersam wird
grau zu gold
selbst straßenlärm
zu sphärenklang
wenn herzen sich heben
im stillen staunen
zum großen gesang

morgengebet

beim morgenrot
will ich dich
und die welt
mit mir
in SEIN
sattes glühen
wieder tauchen
und umgefärbt
mich versprühen
bis wärme
den abend
ummantelt

prim

einfinden
will ich mich
in DEINEM glanz

einstimmen
in DEIN summen

eintakten
in DEINE frequenz

und einbetten
in DEIN umfangen

der tag
wird gut

Die Prim (von lat. prima [hora] ‚die erste [Stunde]') wird um 6 Uhr gebetet und steht am Arbeitsbeginn der Mönche und Nonnen.

barfuß

ich bin der mann
der barfuß schreibt
um nicht das gefühl
zu verlieren
für den anderen grund

ich bin der mann
der barfuß lehrt
um nicht das gleichgewicht
zu verlieren
in der kalten theorie

ich bin der mann
der barfuß tanzt
um nicht die haltung
zu verlieren
am politischen parkett

ich bin der mann
der barfuß betet
um nicht den halt
zu verlieren
im luftleeren raum

gott danken

gott
danken
trotz der weltweiten krisen
und des vielen leids

weil Er unermüdlich
an unserer seite geht
und uns gelegentlich
über gräben zieht

würdevoll

könige
haben abgedankt
die *mächtigen*
stehen unter verdacht
und *herrscher*
sind nur auf zeit gewählt

vielleicht sollte ich
gott und seinen sohn
beim appell
genossen nennen
aber auch die
sind oben gleicher

oder ich duze sie
ganz ungehorsam
gehorsam
und geh mit ihnen
auf ein bier

aber mehr noch

christusschimmer

(auf)gabe

die großen
alten worte
versagen

erlösung
taugt nur noch
fürs museum

heil
vergammelt
im geschichtsbuch

und *rettung*
geht auf
im blaulichtmilieu

doch immer noch
ist angst gegenwärtig
drängt beharrlich schuld
wütet unbarmherzig not
toben täglich kriege
bleibt der tod beständig
wie das sehnen auch
nach glück

selbst wenn wir
überfordert stöhnen
und enttäuscht sind
vom falschen glanz
der blender
bleiben die fragen
und das hoffen:

wo finden wir vertrauen
wie wird vergebung möglich
wer vermittelt hilfe
lässt vom frieden träumen
und vom erfüllten leben
wer weckt die kraft
und gibt uns halt?

es gab einen
der sprach
nicht nur
ganz einfach
vom licht
vom leben
vom brot
sondern
war ganz einfach
auch licht
leben und brot

verzieh seinen mördern
vertraute auf gott
selbst in aussichtsloser lage
fand halt
im unfassbaren

neue worte
sollten wir finden
um den nicht
zu vergessen
der mit uns
aufs leben setzt
als *entgrenzer*
hoffensiver
himmelslotse

mysterium
(halt und haltung)

aus den wolken
schält sich der halt
fest verankert
in der krippe

und aus der tiefe
wächst die haltung
uns anvertraut
am kreuzesholz

jesus von nazareth

in seinen worten
wurde der stille gott
hörbarer

in seinem tun
wurde der verborgene gott
sichtbarer

in seinem mitfühlen
wurde der ferne gott
begreifbarer

in seinem leiden
wurde der unendliche gott
nahbarer

in seiner auferstehung
wird der enthobene gott
unmittelbarer

wahrheit?

wahrer mensch
UND wahrer gott

eindeutig nichts
für den kopf

vielleicht kann sie
die tiefe nur erfassen

nicht ein
entweder oder
vielmehr ein
sowohl als auch
aus der liebe
sorgsam
gezogen

inkarnation

von außen
greift ER
nicht ein

in die welt
kommt GOTT
um sie von innen
zu verändern

in das leid
kommt GOTT
um es von innen
durchzustehen

in die ohnmacht
kommt GOTT
um sie von innen
zu überwinden

in den tod
kommt GOTT
um ihn von innen
zu entmachten

weisheit

(zu Joh 10,1–10*)

entspannt
verharrt sie
an der
angelehnten tür
und weist
mit einem nicken nur
den weg
ins morgenrot

der galiläische rabbi
kennt die weisheit
und öffnet sich
den suchenden
begleitet diese selbst
in finsterer schlucht

* Im Buch der Sprüche sagt die Weisheit: *„Selig der Mensch, der auf mich hört, der Tag für Tag an meinen Toren wacht."* Und: *„Wer mich findet, findet Leben"* (Spr 8,33f). Der Evangelist Johannes, der Jesus sagen lässt: „Ich bin die Tür!", sieht in Jesus eine Art Erbe dieser Weisheit und ihrer Lehre. Durch diese Tür zu gehen, das bedeutet: Die Weisung Gottes zu befolgen, und das führt zum „Leben in Fülle".

türöffner
(zu Joh 10,9)

DU klopfst
an mein innerstes
der tür zur fülle

und zeigst mir
dass die tür zum glück
nach außen
nur aufgeht

und wenn ich dahinter
in den schwachen
die geschwister erkenne
öffnet sich mir
die tür zum sinn

jesuanisches
manifest

sein thron
ist das kreuz

seine krone
ist aus dornen

seine insignien
sind wunden

seine herrschaft
besteht im dienen

und seine macht
liegt in der liebe

kintsugi

das zerbrochene
wirft er nicht weg

die scherben
fügt er
behutsam zusammen
und vergoldet den riss

der abfall wird
zum glücksfall

wertvoll wieder
und schön

Kintsugi ist eine traditionelle japanische Reparaturmethode für Keramik, wobei die mit Goldlack reparierten Bruchlinien deutlich zu erkennen sind.

matrix

auf höchstem befehl hin
den mächtigen misstrauen
regeln brechen
gesetze missachten
und ungehorsam werden
denen gegenüber
die leben verhindern
gefährden

so dem ähnlich werden
der nicht nur einmal
am sabbat menschen heilt
hunger stillt
macht infrage stellt
und mit säufern
und huren
zu tische sitzt

instinktiv

so wie die alten
fischer und hirten
verstand auch er
die kleinsten zeichen
zu deuten
(mit dem bauch
vielmehr noch
als mit dem kopf)

und immer öfter
musste er schmunzeln
weil selbst
die größten gelehrten
den tanz der mücken
und SEINEN fernen atem
nicht mehr zu lesen
vermochten

aufgeklärt

vor nichts
und niemandem
uns zu fürchten

vor nichts
und niemandem
uns zu beugen

vor allem
und jedem
uns ehrfürchtig
zu verhalten

vor allem
und jedem
uns zu verbeugen
hat er uns
doch gelehrt
und vorgelebt

warum nur
grundeln wir
immer noch
im trüben?

schachtelhalmzeit

glaubwürdigkeiten

religionslos religiös

ungewohnt noch
ist mir
die leichte zeit
der schachtelhalme

zu lange verfangen
war ich
in der satten pflicht
der pfingstrosenfülle

zaghaft aber
stärke ich mich
tag für tag
am außergewöhnlich
gewöhnlichen

taufe

die am sand sind*
oder gestrandet

sollten den absprung wagen
und tief tauchen

bis zum grundlosen grund
ihrer existenz

* österreichische Umgangssprache: niedergeschlagen, erledigt, kaputt sein

wasserzeichen

keine massenware
sind wir
vielmehr
aus büttenpapier
alle geformt

bekritzelt
beschrieben
ausradiert
eingerissen
durchgestrichen
und bemalt

doch unverändert
unzerstört
bleibt dabei
das wasserzeichen
die taufe
uns eingeprägt
teuer
und wertvoll wir
vor aller zeit

verborgen zumeist
bis das blatt
wieder mal
ins licht gehalten

zentrale frage

nicht ob *man* heute
noch glauben *kann*
ist die frage
sondern ob *wir* heute
nicht glauben *müssen*
um zu retten
was noch zu retten ist

weil mitleid schwindet
barmherzigkeit erodiert
menschlichkeit unter
generalverdacht steht
gier wütet
nation und macht spalten
niedertracht und einsamkeit
die seelen kränken

und
war da nicht was
mit den geringsten
und der furchtlosigkeit?

gefühle

es stimmt mich
nicht traurig
(nachdenklich aber schon)
dass mein sohn
aus der institution kirche
ausgetreten ist

traurig
(und wütend)
macht mich vielmehr
dass sie es
nicht geschafft hat
glaubwürdig für ihn
zu sein

der fragend
offen
mit einem
weiten herz
im leben steht

ob einer nur
von den
glaubensverwaltern
um dieses stück
zukunft
ehrlich trauert
und einen schritt
ins heute
setzt?

mysterium salutis*

es steht uns gut an
nicht mehr
ganz vorne zu stehen

auch nicht
in der zweiten
oder dritten reihe

vielleicht weist uns
sein geist so
den besten platz zu

wie einst
ganz hinten
als kirche der kleinen

mit den ohren
und herzen ganz nah
bei den menschen

* lat. Heilsgeheimnis

tödliches virus

eingepflanzt
haben wir euch
ein tödliches virus

das eure blicke trübt
das euren verstand täuscht
das eure träume besetzt
das euch das leben raubt

eingepflanzt
haben wir euch
ein tödliches virus

das euch funktionieren lässt
das euch gleichförmig macht
das euch zum gehorsam drängt
das euch opfer abverlangt

eingepflanzt
haben wir euch
ein tödliches virus

das euer misstrauen weckt
das euren neid aktiviert
das euch zum kampf motiviert
das euch kalt werden lässt

eingepflanzt
haben wir euch
ein tödliches virus
das sich als karriere tarnt
und ihr merkt es nicht einmal

warhol

weil er nichts
gewinnen
aber alles
verlieren konnte
am new yorker parkett
praktizierte er
das wirklich subversive
fernab von scheinwerfern
in suppenküchen
und katholischen kirchen

Der Kunsthistoriker und Kritiker John Richardson hielt die Trauerrede für Andy Warhol. Er lüftet wohl dessen bestgehütetes Geheimnis:
„Ich möchte eine Seite seines Charakters offenlegen, die er vor uns allen verborgen hielt. Nur die engsten Freunde wussten, dass er tiefgläubig war. Diejenigen von euch, die ihn in Zusammenhängen kannten, welche alles andere als fromm wirkten, könnte das überraschen. Aber diese gläubige Seite existierte und war der Schlüssel zur Seele des Künstlers."

leben und liebe

in hochglanz
mit großen lettern
angepriesen
und verklärt

das leben
die liebe

doch das eine
wie das andere
ein marktplatz bloß
bestimmt von
angebot und
nachfrage

geschickt
gelockt wir
zur auswahl
zur optimierung
selbstverwirklichung
und schnellen
verwerfung

müssten wir nicht
nachhaltiger sein
und nicht berechnend
um das glück
zu ertasten

im leben
und im lieben
auch?

liebe
(für r.)

unerkannt zu oft
und mitten im trubel
ist sie jener ort
an dem ich wirklich
zuhause bin
und der zur steten
heimkehr
mich bewegt

weil du dort
mit mir lebst
auf meiner seite stehst
und auf mich wartest
zu später stunde auch

themenverfehlung

nicht
was ich kann

nicht
was ich will

nicht
was ich habe

nicht
was ich bin

beantwortet
die frage

wer ich
eigentlich bin

wohl aber

wie ich
was kann

wie ich
was will

wie ich
was habe

und wie ich
was bin

ein glaubensgrund

ich glaube

nicht weil ich
es besser
weiß
oder kann

sondern
weil gerade dies
bei IHM
keine rolle
spielt

glauben wir es doch

glauben wir es doch
dass am ende der tage

das gute
gewinnt
wunden
heilen
verworrenes
sich entwirrt
gräben
sich füllen
unmögliches
möglich wird

glauben wir es doch
in diesen tagen
und leben
demgemäß

grammatik der hoffnung

die hoffnung
spricht im konjunktiv
und bildet sie
ein kompositum
mit dem glauben
dass unvorstellbares
wahr werden kann
wird aus
dem konjunktiv
ein indikativ

aus steinen
wird dann werkzeug
eine pflugschar
aus schwertern
und am ende
alles gut

die hoffnung
als vorschuss
künftigen glücks
wird so
zum hauptsatz
eines getragenen
lebens

(h)offen

es wird gut
ganz anders vielleicht
aber gut

darauf hoffe ich
obwohl realisten
mir allzu oft sagten
daraus kann doch
nichts werden
wurde manches
unmöglich erscheinende
unerwartet gut

mit ohne

erst *mit*
erkennen wir
wie wenig
selbstverständlich
tage *ohne*
schmerzen
sorgen
ängste oder
konflikte sind

viel früher schon
wären wir sonst
mit dankbarkeit
und weisheit
gesegnet

diagnose

immer enger
und härter
wird es
weil überall
kontrollzentren
die ermöglichungsräume
ganz selbstverständlich
ersetzen

unangepasst
und ungehorsam
müssen wir werden
müssen wir sein
wenn menschen
wieder vom sabbat
erdrückt

riesenschreck
(zu Num 13,32)

bestimmt gibt es
da draußen
gefährliches
bedrohliches
herausforderndes
und überforderndes
das lähmt
und erschreckt
mitunter

aber darauf
dürfen wir bauen:
riesen
gibt es
sicher nicht

schritte
ins unbekannte
dürfen wir
deshalb wagen
können wir gehen

trauen wir ihm
und
trauen wir uns

„Und sie verbreiteten bei den Israeliten falsche Gerüchte über das Land, das sie erkundet hatten, und sagten: Das Land, das wir durchwandert und erkundet haben, ist ein Land, das seine Bewohner auffrisst; alle Leute, die wir dort gesehen haben, sind hochgewachsen.“ (Num 13,32)

schwere einsicht

das leben
verunmöglichen wir
uns viel zu oft selbst
und den anderen
auch

bleiben immer wieder
einander nichts
und alles schuldig
versagen
im sorgsamen
augenmerk
säen
dunkle tränen so

ringen
nach vergebung
und strecken uns
nach einem
neubeginn

immodestia

aus maßlosigkeit
schmiedet die schuld
ihren ehernen wams

und verformt
selbstbewusstsein
zu hochmut

genuss
zu völlerei und habgier

leidenschaft
zu wollust

ärger
zu zorn

antrieb
zu neid

gelassenheit
zu trägheit

und erdrückt so
das eigene und der anderen leben

Hochmut, Habgier, Wollust, Zorn, Völlerei, Neid und *Trägheit* sind fälschlicherweise als die klassischen sieben Todsünden bekannt, obwohl sie eigentlich keine Taten, sondern Haltungen sind. Theologisch richtig ist daher, von Hauptlastern zu sprechen oder Wurzelsünden, denn aus diesen Haltungen können sündige Taten und weitere Laster entstehen. Selbst einer säkularen Gesellschaft bieten sie eine ernüchternde und verstörende Möglichkeit der Selbstdiagnostik und der Selbsterkenntnis. Die christliche Theologie stellt diesen die sieben Grundtugenden gegenüber: die drei Glaubenstugenden *Glaube, Hoffnung, Liebe* sowie die vier Kardinalstugenden *Weisheit, Gerechtigkeit, Tapferkeit* und *Mäßigung*. Das Wort „Sünde" ist mit dem deutschen Wort „Sund" verwandt, mit dem ein Abgrund oder ein Graben bezeichnet wird. Sünde bezeichnet – anders als im allgemeinen Sprachgebrauch – weniger einzelne Vergehen als vielmehr eine Haltung: sich gegen Gott und die Mitmenschen wenden, sich von Gott und von den Mitmenschen abwenden, sich über Gott und die Mitmenschen erheben wollen.

wohin?

wohin nur
soll ich
meine beschämung
legen
da mein
gebrochenes vertrauen
dich so erschüttert hat?

wohin nur
soll ich
mein entsetzen
legen
über meine
selbstverliebtheit
die dich so
ausgenutzt hat?

wohin nur
soll ich
mein bedauern
legen
über meine
mangelworte
die dich so
verletzt haben?

wohin nur
soll ich
meine abbitte
legen
damit sie dich
erreicht?

auf deinen
fernen seelengrund
vielleicht
zwischen unseren
kostbaren momenten
wenn du dich
irgendeinmal
dorthin verirrst?

es tut mir leid

bitte
verzeihe mir
irgendwann

erhebend

vergebung
zur rechten zeit
lässt menschen
flügel wachsen

ganz leichte jenem
dem vergeben wird
und mächtige dem
der vergibt

sorglos

das jetzt
ist mein garten
und heute
müssen bloß
das unkraut gezupft
oder neue pflanzen
gesetzt werden

heute gehören
lediglich
die rosen geschnitten
die beeren geerntet
die hängematte besetzt
oder das laub angehäuft

und bestimmt
zeigt dir morgen
der garten
was er dringend
braucht

„Sorgt euch also nicht um morgen; denn der morgige Tag wird für sich selbst sorgen. Jeder Tag hat genug an seiner eigenen Plage“. (Mt 6,34)

in frage
(zu Gen 2,5–3,24)

leben und lust
alles ist möglich
alles ist gut
im osten
in eden
diesseits
des misstrauens
jenseits
der angst

eines nur geboten
aus sorge empfohlen
von diesem baum
die erkenntnis
nicht zu pflücken
die viel zu schwer
im magen liegt

doch die schlange
stellt alles
in frage
verdreht
und verneint

das leben so
durch list
statt lust
zur last
geworden

klug
entblößt
der mensch
sich selbst
gebeutelt
vom misstrauen
zieht er
von dannen

wahrnehmen

zum verborgenen glück
gibt es
die kleine lücke
im zaun
und den winzigen spalt
in der mauer
die hochgezogen einst
ums paradies

chance

erst jenseits
von eden

als vorbei
das leichte so

formten sich tränen
und träume auch

als treibstoff für den
langen weg zurück

mängelwesen

mängelwesen
sind wir

genügen nicht
dem blick
der anderen

bestehen auch nicht
vor uns selbst

zu wenig
erfolggeldausseheneinfluss
sexcharismafitnessfreunde

mängelwesen
sind wir

verdammt
zur arbeit
am optimieren
an uns selbst

amauftretenundsprechen
anderdurchsetzungskraftundinnerenruhe

mängelwesen
sind wir

wirklich?

oder verdrängt
vergessen bloß
die botschaft
dass große
töchter wir
und söhne
eines gottes
auf dessen schultern
wir doch stehen

exit

an der
smartphoneschlange
schreitet die nonne
leicht gebeugt
im schnellzugwind
vorüber

steigt lächelnd
in den alten zug

noch ist
ein platz frei
neben ihr

der schaffner pfeift
und hebt
die kelle schon

religionskriege

mit messern und gabeln
dogmen und geboten
wird wieder mit feuereifer
für die rechte lehre
gestritten
exkommuniziert
und seliggesprochen
mitunter

die kinder
des geteilten brotes
staunen nicht schlecht
mit ihren verwandten
des koscheren und halals
über die erbitterten kämpfe
um vegan oder vegetarisch
rohkost oder superfood
gluten- oder laktosefrei
paleo oder clean

ungläubig wundern sie sich
über die ach so aufgeklärten
bauchentscheidungen

krankenhaussegen

in dein umfangen
bette ich mich
vertrauend darauf
dass die helfenden hände
gutes vollbringen
und heilende kräfte
segensreich wirken

bitte

wenn es
so weit ist
vergesst nicht
mir meinen
gartenhut
mitzugeben

er wird mir
sicher fehlen
in eden

gartenleben

einst in eden
gepflanzt
wurzeln wir jetzt
in den schrebergärten
unserer tiefen
wachsen und welken
im wechselnden wandel
bis wir schließlich
unter bäumen
im paradies
die ernten feiern

trost

das letzte wort
ist nicht gesprochen

die letzte tat
ist nicht vollzogen

das letzte urteil
ist nicht gefällt

der letzte tag
ist angezählt

tröstlich

wir sterben
nur einmal
aber leben
jeden tag

und selbst
das bisschen
sterben
werden wir
überleben

um endlich
in unendlichkeit
zu baden
irgendwann

überlegen

die fünfzig prozent
wahrscheinlichkeit
dass es
ein leben danach
gibt

und ein paar prozente
vertrauensbonus dazu
weil der christus
sich auch
in anderen belangen
als glaubwürdig
erwiesen hat

legen es nahe
mit dem himmel
zu rechnen

prisca

sie
deren stimme
IHN lobte
verstummt

bis sie
reiner noch
auf der
anderen seite
erklingt

Für meine Schwiegermutter (und Opernsängerin)
Prisca Dietrich-Ehren (23.7.1928–10.2.2021)

franz

du gehst
zu früh

wir haben
noch nicht
ausgelacht

zu viele flaschen
sind noch ungeleert

zu viele gedanken
noch nicht ausgetauscht

zu viele träume
noch nicht umgesetzt

du gehst
zu früh

halt uns plätze frei
dort drüben

Für meinen Schwager Franz Metelec (31.7.1958–22.1.2023)

bittere lektion

dein leid
lehrt mich
zu lachen

und mit
vollen sinnen
zu genießen

mich übermäßig
am leben
zu freuen

das viel
zu schnell
sich wenden kann

nachruf

wieder mal das falsche wort
wenn dann rufe ich dir *zu*
viel mehr aber
flüstere ich
erstaunt und voll ehrfurcht
über das leben
welches jetzt greifbar
und den
der es vollbracht

eingemachtes

das leben

ein einmachglas
befüllt
so nebenbei
mit vielen
kleinen münzen

um selbst
die harten zeiten
möglichst wohl
zu überbrücken

(kein) einfaches wunder

weil ER
unser gutes will
und so handelt

lasst auch uns
als seine abbilder
jeden tag
jemandem
etwas gutes tun

nicht mehr
nicht weniger
und die welt
um uns herum
verändert sich

ungeflügelt

engelsgleich

ungeflügelt

sie wohnen
in reihenhäusern
und mansarden

auch unaufgefordert
besuchen sie dich
und trinken mit dir
kaffee und wein

beiläufig stellen sie
explodierende fragen
und wärmen hin und wieder
mit verbotenen küssen

regelmäßig
stehlen sie sich
in kinofilme
und zeitungsartikel
kapern radiosongs
und antworten so
offensichtlich
geheimnisvoll

beizeiten
nehmen sie dich
in den arm
streichen
dir übers gesicht
und flüstern
gegen das vergessen
fürchte dich nicht

„Vergesst die Gastfreundschaft nicht; denn durch sie haben einige, ohne es zu ahnen, Engel beherbergt!“ (Hebr. 13,2)

weggefährten

gegenwärtiger
in diesem ringen
sende du engel
auf unsere wege

den barfüßigen
für weisheit

den mit wanderstiefeln
für geduld

den turnbeschuhten
für mut

und den
mit dem ballerina
auf dem einen
und der sandale
auf dem anderen fuß
für den trost

reisesegen

deinen engel
stelle uns zur seite
wie tobias einst

damit die reise
ein gutes ende nehme
ohne dass unsere schritte
die erde zerstören
und gesund wir
wiederkehren

mit vollen herzen
und bildern
die durchs jahr
uns begleiten

der schwebende
(güstrower domengel)

nicht flügel
tragen den entrückten

in schwebe
hält ihn
ein wissen
das hinter
seinem schweigen
wohnt

befreit
von erdenschwere
enthebt er sich
mit den gefallenen
in eine
andre welt

Der *Schwebende Engel* ist eine überlebensgroße Figur aus Bronze im Güstrower Dom.
Ernst Barlach schuf sie 1927 anlässlich der 700-Jahr Feier des Doms zum Gedenken an die Verstorbenen des Ersten Weltkriegs.

trodsdem fadraun

ea gibd ma
imma wida moi
an spitz
und ziagd mi
am löffi

oba foin
låsd a mi ned

mei öngi

sö̈bsd waun i nu
so debad bi

trotzdem vertrauen

er gibt mir
immer wieder einmal
einen klaps
und zieht mich
am ohr

aber fallen
lässt er mich nicht

mein engel

selbst wenn ich noch
so bescheuert bin

augustinus

gewandt in worten
groß im denken
sicher im auftreten

fühlst du dennoch
die eiserne fessel
des eigenen willens

zweifelst und zögerst
und erliegst immer wieder
den sinnlichen reizen

doch unruhig bleibt dein herz
hungrig deine seele
dich bejahen kannst du nicht

bis du endlich
dieser stimme traust
und seinem alten neuen wort

gewiss und frei
bist du
als du dich bindest

an den
den du
schon lange suchst

den geist
an dem dein geist
sich stillt

gewandt in worten
groß im denken
glücklich im glauben

große schuhe
(am 500. gedenktag
des wormser reichstags von 1521)

beizeiten
in luthers
wormser schuhe
steigen

aufrecht stehen
und standhaft bleiben

wenn menschen
wieder ihrer würde
beraubt
(die doch
der höchste
selbst
den schwächsten
zugesprochen)
und meinung
machtvoll
die vernunft
bedroht

„Wenn ich nicht mit Zeugnissen der Schrift oder mit offenbaren Vernunftgründen besiegt werde …“
(aus der Widerrufsverweigerung Martin Luthers am Wormser Reichstag, 18.4.1521)

hedwig

mein vorbild
bist du

die barfuß nur
gleich den armen
den boden betritt

und als dir
von höchster stelle
befohlen
schuhe zu tragen
gehorchst du
und trägst sie

in der hand

Hedwig von Andechs (1174–1243) und ihr Mann Heinrich I. förderten die Vertiefung des christlichen Glaubens und die kulturelle Entwicklung Schlesiens. Als Vorbild christlicher Nächstenliebe und Fürsorge unterstützte Hedwig die Kirche, half den Armen und soll selbst im Winter barfuß gegangen sein.

18:21

um achtzehn uhr
einundzwanzig
am letzten dienstag
im märz dreiundvierzig

öffnete
ein schwerer
dumpfer schlag
des fallbeils

viel zu früh
den himmel
für einen
resoluten engel

verpflichtet
der wahrheit
und den menschen
bis über den tod
hinaus

Die Ordens- und Krankenschwester Maria Restituta Kafka weigerte sich zur Zeit des Nationalsozialismus, Kruzifixe aus den Krankenzimmern zu entfernen. Sie lehnte es zudem ab, „arische" Patienten gegenüber anderen zu bevorzugen. Diese Haltung und die Verbreitung regimekritischer Texte wurden ihr zum Verhängnis. Als sie am 30.3.1943 im Strafgericht Wien zur Hinrichtung geführt wurde, verabschiedete sie sich mit den Worten: *„Ich gehe zum Fest! Ich gehe in den Himmel."* 1998 wurde sie am Wiener Heldenplatz(!) von Johannes Paul II. seliggesprochen.

entscheidende frage

jägerstätter

franz

deine liebe
hast du doch
gefunden
und dein glück
an ihrer seite
wachsend
mit euren kindern
die eurer obhut
anvertraut

die zukunft
scheint rosig
selbst im
schwarzbraunen
heute

sag
was soll dann
das rot
deines blutes
vergossen
wofür?

damit die hoffnung
wieder grünt
inmitten
des wahnsinns?

für ein glück
das noch größer
für eine liebe
die noch tiefer
für ein
unbedingtes nein
gründend im
unendlichen ja?

sag
was soll
das rot
deines blutes
vergossen
wofür?

Franz Jägerstätter (1907–1943) war ein österreichischer Landwirt, Ehegatte, Vater und Widerstandskämpfer. Als Kriegsdienstverweigerer im Zweiten Weltkrieg wurde er wegen „Wehrkraftzersetzung“ zum Tode verurteilt und hingerichtet. Er wird seit 2007 in der römisch-katholischen Kirche als Seliger verehrt.

verkehrt?
(für Matthias Spanlang)

hinter der maske
schöner bilder
und hinter dem süßen klang
großer versprechen
entlarvst früh du schon
den verkleideten tod

unbequem
unangepasst
beizeiten
gesegnet zudem
mit klaren worten
wirst du ihm
ausgeliefert
gnadenlos

verstummst
auch nicht
als du in seine
knochengärten deportiert
verkündest dort
wider alle hoffnung
den der leben gibt

an den füßen aufgehängt
auf den kopf gestellt
siehst du
im letzten augenblick
klarer noch
die verkehrte welt
und den
der dich erwartet

Der österreichische Pfarrer Matthias Spanlang (*1887 in Kallham/OÖ) war ein früher Warner vor den Nationalsozialisten und tat dies ab 1931 in Zeitungsberichten auch öffentlich kund. Mit deren Machtergreifung war sein Schicksal besiegelt. Am 15. März 1938 wurde Spanlang verhaftet und ins Kreisgericht Ried/I. (OÖ) eingeliefert, am 24. Mai 1938 wurde er ins KZ Dachau gebracht und kam von dort im September 1939 nach Buchenwald, wo er brutal ermordet wurde. Man vermutet, dass er wie Pfarrer Otto Neururer aus Tirol mit dem Kopf nach unten gehängt wurde. Dem Totenschein zufolge starb er am 5. Juni 1940; seine Urne wurde im Familiengrab in Kallham beigesetzt.

wilhelm brasse

im block 26
dem fotostudio
des lagererkennungsdienstes
in auschwitz

nimmt er
im kleinen sucher
der kamera
die große angst
in ihren augen wahr

sieht aufgeplatzte lippen
schürfwunden im gesicht
und blicke
aus denen der mut schwindet
die nach innen
oder in die ferne schweifen

gefasst
ungläubig
trotzig
verzweifelt
starren
tausende augen
ihn an

selbst hilflos
will er
dennoch helfen

ein freundlicher blick
ein nettes wort
eine aufmunternde geste
den totgeweihten
und würdevoll
setzt er sie alle
gekonnt ins rechte licht
retuschiert mitunter

drei minuten
menschlichkeit

Wilhelm Brasse (1917–2012) war der Fotograf von Auschwitz. Als Häftling überlebte er vier Jahre im KZ, weil er andere Opfer fotografierte; ca. drei Minuten hatte er pro Person dafür Zeit. Ungefähr 50.000 Fotos fertigt er an, gut 38.000 davon kann er vor der Zerstörung retten.

gefährlich

gefährlich
ist es
sich mit menschen
wie bonhoeffer
und jägerstätter
auseinanderzusetzen

unmöglich
wird es
für uns
zu sagen
wir wüssten nicht
warum
und wie
wir
vorzugehen haben
gegen jene
die macht
missbrauchen
und die würde
von menschen
in frage stellen

demaskiert

krisengeschüttelt

poetischer auftrag

zwischen schreien
und schweigen
gilt es
den kopf
wieder zu heben
und anzuschreiben
gegen die trostlosigkeit
da es
in diesen
schlechten zeiten
besserer worte bedarf

sätze
die vom hunger berichten
und sättigung verlangen
zugleich

äußerungen
die das aufschreien fassen
wo wunden klaffen
und beharrlich pflegen
obendrein

aussagen
die den kriegslärm
unterwandern
und konflikte
befrieden auch

einer poesie
schlussendlich
gegen die
zertrümmerung von mut
stark und schön genug
vergessene träume
zu wecken
köpfe zu heben
und anzukämpfen
gegen die
hoffnungslosigkeit

widerstand

statt mit
steinen
werfe ich
mit gedichten

und meine
spitze feder
ist schnell
aufgeklappt

wirkliches leben?

wir leben in einer
wirklichen unwirklichkeit
mit horrorbildern
aus krankenhäusern
und leichenhallen
von vermummten gesichtern
auf verlassenen straßen

vielleicht aber
erwachen wir gerade schmerzlich
aus einer großen illusion
unhinterfragter alltagsroutinen
überzogener wünsche
einer beherrschbaren natur
und aus dem alternativlos
erscheinenden schneller
höher und weiter

wie lange
werden wir uns
wenn das weiter so
wieder herrscht
erinnern an
den flugzeuglosen himmel
den sechzigerjahre straßenverkehr
die shoppinglosen tage
die frei verfügbare zeit
das kostbare füreinander
und den wert
von pflegekräften?

gebet
(während der ersten quarantäne)

unter den
uralten baldachin
durchgerungener worte
wage ich
mein flüstern
zu stellen

beschenkt
mit dem rauschen
des heimlichen
brunnens
jenseits der angst

krisensicher

beizeiten gelernt
mühsam
mit schweren stiefeln
zu schweben

jetzt vermag ich
wolken zu greifen
und beharrlich
auf bebendem boden
zu stehen

bewährung

vor denen

die einsam sind
in ihren wohnungen

die alleingelassen sind
an den beatmungsmaschinen

die alleinerziehend rotieren
zwischen homeoffice
homeschooling und kündigung

die als mediziner
zur triage
gezwungen sind

die vergessen werden
in den lagern
an den grenzen europas

hat sich die
rede von gott
zu bewähren

mit blick
in die quellen
bleibt letztlich
die zusage
der verlässlichkeit
seines namens

was zählt
(nicht nur in der coronakrise)

in österreich
werden 250 altenpflegerinnen
per sondermaschine
aus rumänien
und bulgarien eingeflogen
während flüchtlinge
aus den griechischen lagern
dezidiert nicht
aufgenommen werden

in deutschland
überlässt die regierung
20.000 menschen
der hölle in moria
während 40.000 erntehelfer
aus rumänien geholt werden
damit der spargel
nicht verrottet

die würde
des spargels
ist wahrlich
unantastbar

oma

wie gerne
hätte ich dich
jetzt da
in diesen tagen
und deinem
es ist doch nicht so schlimm
vertrauensvoll gelauscht
als trost
und nicht vertröstung

da du doch
in zwei weltkriegen
drei brüder
und einen ehemann
verloren hast

in der wirtschaftskrise
zwischen den kriegen
ohne soziale netze
ums tägliche überleben
kämpfen musstest

und alleine als junge mutter
nach dem wahnsinn
und der zerstörung
ohne viel unterstützung
vier kinder
großgezogen hast

wie gerne
hätte ich dich
jetzt da
als expertin
für solche tage
und mich
in deinem
es wird schon wieder
zuversichtlich gewiegt

entzauberung

von einem winzigen virus
knallhart entzaubert
und bloßgestellt

der allmächtige markt

keine passende antwort
auf die plötzliche not
haben er und seine
überbezahlten knechte
deren tun als bedeutungslos
sich jetzt erweist

viel zu viele opfer
verursachte seine
angebliche alternativlosigkeit
und sein globales werken
das sich als fortschritt tarnt

nicht zu lang
darf die leine sein
an die der staat ihn legt
um die zarte saat
der solidarität
vor den raubtieren
zu schützen

coronamelodie
(im märz 2021)

im disTANZtakt
dreht sich die welt

und immer noch jeder
um sich selbst

geht den andern
aus dem weg

keine berührung
keine umarmung

leidenschaftslos
im disTANZtakt

im disTANZ takt
im dis TANZ takt

kontaminierung

wir alle
tragen bereits
das virus in uns
und niemand
kann ihm
entkommen

es zirkuliert
vermehrt sich
und mutiert
ungebremst
in unseren köpfen

es kontaminiert
unser wohlbefinden
löst angst
auch panik aus
und verursacht
viele sorgen

als jahrtausendlang
erprobte gegenmaßnahme
empfiehlt sich
das heute und morgen
nicht der verzweiflung
zu überlassen
sondern dem
der mit den geplagten
immer schon
durch wüsten wandert
um schließlich doch
mit ihnen
immer wieder
im land der lebenden
zu tanzen

verwechslungsgefahr
(eine verweigerer schIMPFUNG)

beizeiten
verwechseln menschen
mit fatalen folgen
maiglöckchen mit bärlauch
meinung mit wissen
fingerhut mit beinwell
hausverstand mit sachlogik
rote königsnattern mit korallenottern
egoismus mit individualismus
knollenblätterpilze mit wiesenchampignons
und verweigerung mit widerstand

autoimmun

systemrelevante
coronaseelsorger
mit der erlaubnis
zum betreten
von krankenhäusern
alten- und pflegeheimen
hätte es gebraucht

um alte und kranke
zu besuchen
um so das virus
gebrochener herzen
mit der heilkraft
des evangeliums
zu bekämpfen

und um vor ort
gottesdienste
gegen die pandemie
der einsamkeit
zu feiern

vorsichtig
aber nicht ängstlich
mutig
aber nicht übermütig
hätten die religionsverwalter
sein sollen
ausgestattet
mit schutzkleidung
und immunisiert
mit dem psalm 91
gegen covid 19

anamnese 2020_2021 …

so gut
eingerichtet
hatten wir uns doch
in der hochsicherheitswelt

gänzlich unerwartet
sind wir aufgeschlagen
in der alten heimat
im zwischenland

aus dem traum erwacht
erschrecken wir uns
über die heilsamen wunden
und die planlosigkeit

vision für danach

dass aus einem
belächelten *sollen*
ein erstaunliches *können*
und aus der
verneinten verletzlichkeit
ein verbindender antrieb
geworden ist
sollten wir
als kostbaren schatz
hinüberretten
in die zeit
wenn vieles wieder
normal und unmöglich
sein wird
und die alten begrenzungen
von neuem
hochgefahren sind

was ist es?

was ist es
das unser denken
in die enge zwingt?

was ist es
das unser fühlen
ins abgestumpfte zieht?

was ist es
das unsere worte
ins gehässige drängt?

was ist es
das unsere taten
ins lieblose stößt?

was ist es
das uns
angesichts der hilflosen
in den flüchtlingslagern
so hilflos macht?

was ist es bloß?

grenzverletzung

die grenze
ist überschritten
und europa
ernsthaft bedroht

blendgranaten
und tränengas
gegen kinder
und frauen
schüsse auf
flüchtende

und im brüssler
hauptquartier
als auch im
rotweißroten
hinterland
bloß achselzucken
und eine
zynische härte

die grenze
ist überschritten
und die seele europas
wieder mal
böse verletzt

Nachdem der türkische Präsident Recep Tayyip Erdogan verkündet hatte, die Türkei habe für Flüchtlinge die Grenze in Richtung EU geöffnet, haben am 1.3.2020 hunderte Migranten versucht, am geschlossenen griechischen Grenzübergang Kastanies nahe der türkischen Stadt Edirne, die Grenze zu stürmen. Die griechische Polizei setzte Tränengas und Wasserwerfer ein. Sowohl der österreichische Innenminister Nehammer als auch Kanzler Kurz sprechen sich auch in diesem Zusammenhang dezidiert gegen die Aufnahme von Flüchtlingen, insbesondere von Frauen und Kindern aus überfüllten türkischen und griechischen Lagern, aus.

worum es geht

es geht nicht darum
ob wir alle
aufnehmen können

es geht nicht darum
wie wir mit flucht
und migration umgehen

es geht darum
dass wir ein mindesmaß
an zivilisiertheit zeigen

wenn menschen
im mittelmeer
ertrinken

moria
(zu Gen 22,1–19)

gebunden war
in moria
isaak
ein kind

gehoben schon
von abraham
das messer
um den knaben
zu töten
weil der höchste
es gebot

wirklich nur
archaisch und
aus der zeit
gefallen
dass menschen
menschen opfern
für etwas
scheinbar höheres?

auf den altären
der sachzwänge
und macht
nimmt man
ohne weiteres
mit tödlicher
sicherheit
selbst den kleinsten
heut das leben

leg deine hand
nicht an das kind
und tu ihm
*nichts zuleide**
hieß es einst

doch zurzeit
bleibt der himmel
nicht nur über moria
auf lesbos
zur abschreckung
verschlossen

* Gen 22,12

mittelmeer

leicht lachend
schwimmen wir
in stummen
schreien
und tauchen
in trockenen
tränen
jahr um jahr

doppelmoral

bemerkenswert
wie viele menschen
politiker und medien
plötzlich
von einem bootsunglück
betroffen sind

nicht von dem hunderter
die zurzeit
als flüchtlinge ertrinken
sondern von 5 millionären
auf vergnügungsfahrt
zur titanic

und wer
meine worte
für geschmacklos hält
sollte beim nächsten
wegschauen
auf alle fälle mal
in den spiegel blicken

Im Juni 2023 implodierte das Touristen-Tauchboot Titan auf dem Weg zum Wrack der Titanic; die Medien berichteten im Stundentakt über den neuesten Stand.

warum?

jesus ist auch russe
jesus ist auch ukrainer

warum hasst
verteufelt
tötet
ihr einander

warum bloß

warum?

(Mt 25,40: Was ihr dem geringsten meiner Brüder getan habt, das habt ihr mir getan.)

Hinter dem Krieg in der Ukraine verbirgt sich noch ein anderer Konflikt: der zwischen der russisch-orthodoxen und der ukrainisch-orthodoxen Kirche. Die ukrainisch-orthodoxe Kirche beschloss vor drei Jahren, sich nicht mehr unter die Autorität der religiösen Instanzen in Moskau zu stellen.

in diesen tagen

mehr vermag
ich nicht zu tun
in diesen tagen
als meinen traum
vom frieden
in wörter
zu gießen
damit er
eine weitere
stimme erhält
im lautstarken krieg

weniger darf
ich nicht tun
in diesen tagen
als meinem traum
vom frieden
wieder und wieder
leben einzuhauchen
in kleinsten taten
als beweis
dass es
ihn gibt

dilemma

weltfremd
der glaube
man könne kriege
mit gewaltlosigkeit
bändigen

und viel naiver noch
der glaube
man könne kriege
mit waffengewalt
in den griff bekommen

was also tun
wenn der krieg
diese falsche sau
aus der rumpelkammer
nach europa zurückkehrt
und der finger
eines wahnsinnigen
am roten knopf klebt?

unerträglich auch
wie schnell wieder
auf beiden seiten
helden beschworen
waffen gesegnet
und das niemals wieder
verhallt

was also tun
wenn worte
nicht greifen?

nichts tun
geht nicht
wir sind
verdammt zur entscheidung
verpflichtet zum abwägen
und jede option
trägt schuld in sich:
keine waffen –
leid und tod
mehr waffen –
leid und tod

was also tun
mit dem rücken zur wand?
auf alle fälle
genau hinschauen
und weltfremd bleiben
in einer welt
die einem fremd bleibt

sich schämen auch
weil doch ein auge zugedrückt
beim zurückschlagen
und das andere dennoch
weit geöffnet ist
um den frieden
ja nicht aus dem blick
zu verlieren

was also tun?

es ist an der zeit
(im oktober 22)

genug
der schreie

es ist an der zeit
wieder frieden
zu stiften

und das beginnt
mit dem mühevollen
verwerfen des gedankens
der sinnlosigkeit des redens
sowie dem fütterverbot
des krieges

er ist kein blockbuster
oder computerspiel

die atomare gefahr
ist konkret

sie wird nicht
mit der skydio x10
der m777
oder dem geparden
abgewendet
sondern durch
verhandlungen
bloß

wo sind sie nur
die törichten
friedensstifter?

es ist an der zeit

unerhört
(‚sonntagsglocke‘
marienkirche lübeck)

nach gut
500 jahren
verstummt
die alte glocke
seit sie heruntergefallen
im bombenhagel

im lauf der zeit
unmerklich dann
verklungen
ihr stiller protest

gehör müsste sie sich
wieder verschaffen
an sonntagen nicht nur
und jetzt
nach fast 500 tagen
uns reißen
aus dem dämmerschlaf
mit einem dauergeläut
gegen den krieg

doch stumm
bleibt sie

überlässt uns
die lästige pflicht

Der Bombenangriff auf Lübeck in der Palmsonntagnacht 1942 zerstörte auch das siebenstimmige Geläut der Marienkirche, das sich im Süderturm befand. Die größte und die drittgrößte Glocke liegen seitdem zerborsten auf dem Boden der Süderturm-Kapelle. Zum einen handelt es sich um die Sonntagsglocke von 1508 und zum anderen um die Pulsglocke von 1668. Sie gelten als ein Mahnmal für Frieden und Versöhnung.

sommer ’23

keiner
wie früher

die welt
um uns herum
verbrennt

das grün
verwelkt
das wasser
schwindet

sommer
’23
und doch
auch einer
wie einst

im vergnügen
vergessen
was belastet
im sorglosen
verschwitzen
was drängt

und irgendwann
ist er vorüber
doch der nächste
sommer kommt
bestimmt
keiner
wie früher

gewissenhaft

mit den gelben säcken
entsorgen wir
gewissenhaft und regelmäßig
unsere verantwortung
und leben weiter
wie gewohnt

inzwischen ist mikroplastik
auf dem ganzen globus
verteilt

die atmosphäre
mit kohlenstoffdioxid
gesättigt

und das klima
aus den fugen

morgen werden wieder
die gelben säcke
abgeholt

klarstellung

um es klarzustellen:
ganz selbstverständlich klimafreundlich
lebte ich damals in den späten 60er
und frühen 70er jahren –
ich trug die kleider meines älteren bruders
wäsche wurde gestopft
aus abgetragenem wurden flicken und lappen
sachen wurden sorgsam behandelt und repariert
nicht jeden tag wurde gebadet oder geduscht
fleisch gab es selten
saisonales und regionales wurde aufgetischt
die einkäufe trug ich in körben und netzen
in die schule ging ich zu fuß
oder nutzte fahrrad und bus
geflogen bin ich nie

um es klarzustellen:
ganz selbstverständlich
engagierte ich mich in den 80er
und frühen 90er jahren –
gegen atomkraft
für naturschutz
und gegen die ausbeutung der dritten welt

um es klarzustellen:
ganz selbstverständlich
habe ich mich irgendwann
in den 90er jahren angepasst –
und bin brav der wirtschaft gefolgt
die doch stetig wachsen muss
wie mein wohlstand
selbst wenn dafür
menschen und natur
ausgebeutet werden
auf teufel komm raus

um es klarzustellen:
sind nicht auch eure schränke
ganz selbstverständlich
voller kleider
von kindersklaven in asien genäht
landen eure smartphones und tablets
als giftiger schrott in afrika
wird euer überfluss mit co2-ausstoß
produziert und importiert?

um es klarzustellen:

den einen knopf
gibt es nicht
den irgendjemand
aus meiner generation
drücken könnte
aber viele hebel
in einem kranken
system

ganz selbstverständlich
müssen wir endlich
hinterfragen
durchschauen
verzichten
und handeln

jeder für sich
jeder für die anderen
gemeinsam für diese welt

schnell

Die Klarstellung bezieht sich auf die Wutrede von Greta Thunberg beim UN-Klimasondergipfel am 23.9.2019

schbeda
(a schwaunenxaung)

schbeda damma wås
geng d'umwödfaschmudsung

schbeda damma wås
geng d'glimaeaweamung

schbeda damma wås
gengs årtnschdeam

schbeda damma wås
gengan hunga

schbeda damma wås
geng benochdeuligung

schbeda damma wås
geng d'ungerechdigkeid

schbeda damma wås
geng d'spoidung fon da gsöschofd

schbeda damma wås
geng de gschichdlfadraha

schbeda damma wås
gengan rechdsrugg

schbeda damma wås
gengan kriag

schbeda damma wås
gengs schbeda doa

später
(ein schwanengesang)

später tun wir etwas
gegen die umweltverschmutzung

später tun wir etwas
gegen die klimaerwärmung

später tun wir etwas
gegen das artensterben

später tun wir etwas
gegen hunger

später tun wir etwas
gegen benachteiligung

später tun wir etwas
gegen ungerechtigkeit

später tun wir etwas
gegen die spaltung der gesellschaft

später tun wir etwas
gegen die faktenverdreher

später tun wir etwas
gegen den rechtsruck

später tun wir etwas
gegen kriege

später tun wir etwas
gegen das später tun

ösdareichischa drauaxaung

kana wü
kana måg
kana duad
kana woas
&
kana wahs
dasa eh
kana is

richtigstellungen

das natürliche
ist unnatürlich

das normale
ist abnormal

das unerwartbare
ist erwartbar

und das unglaubliche
ist glaublich

visionen

meine träume
von einst

wann habe ich sie
auf eis gelegt

die von einer gerechteren
und friedlicheren welt

die achtung vor der schöpfung
und der würde jedes menschen

für die ich auch
auf die straße gegangen

nächtelang diskutiert
und dem establishment mich entzogen

die werte stimmen noch
mein leben aber nicht

es ist an der zeit
sie wieder aufzutauen

und mich daran
zu stärken

gut konserviert
überlebten sie im eis

dies irae*
(zu Mt 21, 33–44; Röm 8,22)

die welt
ist uns nur
geliehen

anvertraut bloß
menschen
tiere
und natur

kommen
wird der tag
wo alle
zur rechenschaft
gezogen

für das
was getan
und unterlassen

schwer seufzt
die kreatur

* lat.: Tag des Zorns

oktvember pogrom
(Gedenken zum 85. Jahrestag der
Reichpogromnacht 2023)

im oktober 23
weggerissen
das federkissen
der zeit

hart schlagen wir auf
die worte verstummen

plötzlich gegenwärtig
was längst entzogen

wie brennende kohle
glüht nach jahrzehnten
das *el male rachamim*
in unseren ohren
auf unseren lippen
in der neuen
synagoge

El male rachamim (hebr. GOTT voller Erbarmen) sind die Anfangsworte eines jüdischen Gebetes, das während Bestattungen, am Todestag eines Verstorbenen, beim Besuch der Gräber von Angehörigen sowie am Jom haScho'a zum Gedenken an die Opfer der Shoa in unterschiedlichen Fassungen gebetet wird.

gazastrophe

tief durchpflügt
von schwerem gerät
werden die tage
des zorns gesät

prächtig gedeihen
ohnmacht
und hass im
trümmerfeld

getränkt mit tränen
und viel zu viel blut
verkümmern schaloms
empfindliche triebe

in höhlen

wir sitzen
immer noch
gefesselt
in höhlen
in blasen

begeilen uns
tagtäglich
an den
binären schatten
den gestylten avataren
den bildern
über die bilder
geworfen an
die flimmernden wände
vor uns

doch die wirklichkeit
ist nicht
flach wie ein bildschirm
und das unmittelbare
nicht glänzend
wie eine benutzeroberfläche

windows
ist nicht das fenster
in die realität
und apple
nicht gepflückt
vom baum der erkenntnis

unsere erstarrten köpfe
müssen wir
unbequem drehen
um endlich dahinter
zu schauen
die matten augen
gewöhnen ans licht
und die morschen knochen
schmerzvoll erheben
zum aufrechten gang
in die andere richtung

zum leben hin

dringliche bitte

worum ich DICH bitte ist
es dennoch
auszuhalten mit uns

was wir verbockt
und verbrochen
schwärzt das morgen

ein funke
täte gut
an DEINER seite

und irgendwann wieder
ein heiteres
flüstern